전염의 시대를 생각한다

이 도서의 국립중앙도서관 출판예정도서목록(CIP)은 서지정보유통지원시스템
홈페이지(http://seoji.nl.go.kr)와 국가자료공동목록시스템(http://www.nl.go.kr/kolisnet)에서
이용하실 수 있습니다. (CIP제어번호: CIP2020013575)

전염의 시대를 생각한다

파올로 조르다노

김희정 옮김

은행나무

차 례

땅에 발을 딛기 위하여

코로나바이러스의 유행은 현대 문명에서 가장 심각한 공중 보건 비상사태를 불러왔다. 이 바이러스는 첫 번째도, 마지막도, '가장 끔찍한'이란 수식어를 붙이기도 애매하다. 어쩌면 다른 질병들보다 더 적은 희생자를 낼 수도 있었다. 그런데 새로운 유형의 코로나바이러스가 발생하고 불과 석 달 뒤, 기존 기록들은 계속 갈아치워지고 있다. Sars-Cov-2*는 전 세계적으로 가장 빠르게 확산한 바이러스이다. 다른 유사 바이러스, 가령 Sars-Cov**는 빨리 종

* 신종 코로나바이러스의 학명
** 중증급성호흡기증후군 코로나바이러스. 일명 사스 코로나바이러스

식되었고, HIV*는 수년간 어둠 속에서 은밀히 서식했다. 그러나 신종 코로나바이러스는 달랐다. 훨씬 과감했다. 그 뻔뻔함은 우리가 알고 있되 헤아리지 못했던 것을 일시에 일깨웠다. 바로 우리는 어디에 있든 다층적으로 연결되어 있다는 것. 그리고 우리가 사는 세상은 복잡한 데다 사회, 정치, 경제 논리뿐 아니라 인간관계와 정신적으로도 서로 얽혀 있다는 것 말이다.

나는 2월 29일, 윤일의 토요일에 이 글을 쓰고 있다. 전 세계에서 발생한 신종 코로나바이러스 감염자는 2월 29일 오늘 자로 8만 5천 명을 넘어섰고, 중국에서만 거의 8만 명에 달한다. 사망자는 3천 명가량으로 늘어났다.** 적어도 한 달 전부터, 신종 코로나바이러스 발생 현황을 파악하는 건 내 일과가 되었다. 나는 지금도 존스홉킨스대학이 제공하는 발생 현황 지도를 펼쳐놓고 있다. 확산 지역

---

* 인간면역결핍바이러스. 후천성면역결핍증후군, 즉 에이즈[AIDS]를 일으키는 병원체이다.
** 2020년 4월 7일 기준 전 세계 신종 코로나바이러스 감염자는 123만 6천 명을 넘어섰고, 사망자는 6만 8,541명이다.

은 회색 배경 위에 도드라지는 빨간색 동그라미로 표시된다. 의도적으로 선택된 경고의 색. 좌우간 바이러스도 비상사태도 빨간색을 떠올리게 한다. 중국과 동남아시아는 커다란 하나의 반점 아래 사라졌지만, 전 세계는 얽은 자국이 있고 확산세는 점점 더 빨라질 것이다.

놀랍게도, 이탈리아는 이 불안한 경쟁에서 선두를 달리고 있다. 하지만 상황은 불확실하다. 단시일에, 어쩌면 느닷없이 다른 나라들도 곤경에 빠질 수 있다. 이런 위기 상황에서 '이탈리아'라는 표현은 아무런 의미가 없다. 더 이상 국경도, 지역도, 구역도 존재하지 않기 때문이다. 지금 우리가 직면한 위기는 정체성과 문화를 초월하는 것이다. 전염의 급속한 확산은 우리가 긴밀하게 연결되어 서로 분리될 수 없는 범세계화를 보여주는 지표이다.

나는 이 모든 것을 알고 있지만, 그럼에도 불구하고 이탈리아 지도 위의 붉은 원판을 보고 있노라면, 모두가 느끼는 대로 괴로운 마음이 드는 걸 어쩔 수 없다. 가까운 시일의 약속들은 봉쇄 조치 때문에 모두 취소되었고, 다른 약속들은 스스로 연기했다. 나는 예기치 못한 공백기에 놓

였고 공허감에 휩싸였다. 수많은 사람이 같은 현실에 처했다. 우리는 일상생활이 유보된 막간을 보내고 있다. 노래를 듣다가 그만 건전지가 닳아서 음악이 늘어질 때처럼 일상의 리듬은 깨졌고 이내 멈추었다. 학교는 문을 닫았고, 몇 안 되는 비행기들만이 하늘을 가로지르고 있으며, 박물관 복도에는 고독한 발자국 소리가 울려 퍼지고 있다. 어느 곳이든 여느 때보다 더 깊은 침묵에 싸여 있다.

나는 글을 쓰며 이 공백기를 보내기로 했다. 뉴스 예보를 주시하면서 눈앞에 펼쳐진 현실을 이해하고 싶어서다. 때때로 글쓰기는 균형을 잡기 어려울 때 땅에 발을 디디고 서 있게 하는 바닥짐이 될 수 있다. 하지만 다른 이유도 있다. 나는 이 전염이 우리 자신에 대해 폭로하는 것에 귀를 막고 싶지 않다. 두려운 비상사태가 종료되면, 우리의 일시적 자각은 순식간에 사라질 것이다. 이것이 질병의 본질이다.

아마도 당신이 이 글을 읽을 때면 상황은 많이 바뀌었을 것이다. 수치는 달라졌을 것이고, 전염은 걷잡을 수 없이 확산되어 세계 구석구석에 도달했거나, 아니면 누그러졌을 것이다. 상황이 어떻게 바뀌었든 전염에 관한 지금의 고찰은 여전히 유효할 것이다. 현재 벌어지고 있는 일은 우연한 사고도, 천재지변도 아니기 때문이다. 그리고 새로운 것도 전혀 아니다. 과거에 이미 발생했고, 앞으로도 또다시 벌어질 일이다.

질서를 허락하는 시간

나는 고등학교 1학년 때의 오후를 기억한다. 그때 나는 모든 시간을 '표현을 단순화'하는 데 보냈다. 나는 책에서 긴 줄의 기호를 복사한 다음 그것을 차츰차츰 간결하고 분명한 표현으로 단순화했다. $0, -1/2, a2$.

창밖이 어둑해지면 전등에 빛나는 내 얼굴이 풍경 속에 담긴다. 평온한 오후였다. 안팎으로(특히 안에서) 모든 것이 혼란스럽기만 한 그 시절 유일하게 질서를 허락하는 시간이었다.

글을 쓰기 한참 전, 내게 수학은 걱정을 다스리기 위한 수단이었다. 지금도 그렇다. 아침에 일어나자마자 즉석에서 숫자 변화를 확인하고 계산하는 것은 보통 뭔가가 잘못되었다는 징후이다. 이 습관은 나를 괴짜로 만드는 것 같다. 인정한다. 그리고 사실 이런 자신이 당혹스럽다. 하지만 이 시기에 수학은 괴짜의 소일거리만은 아니라는 생각이 든다. 우리에게 일어나고 있는 상황을 제대로 이해하고, 막연한 의문을 떨쳐내기 위해 꼭 필요한 도구일 것이다.

바이러스 확산은 의학적 위급 상황이기에 앞서 수학적 비상사태이다. 사실 수학은 숫자의 학문이 아니라 관계의 학문이기 때문이다. 수학은 서로 다른 실체 사이의 연결과 교환을 기술한다. 그 실체들이 무엇으로 만들어졌는지에 상관없이 문자, 함수, 벡터, 점과 곡면으로 추상화한다. 그러니 전염은 우리 연결 관계의 감염이다.

전염의 수학

우리는 마치 지평선에 모여 있는 짙은 비구름을 쳐다보듯이, 어쨌든 중국은 멀리 떨어져 있고 저곳에서 벌어지는 일이 여기서도 일어날 리 없다고 생각했다. 이탈리아에서 코로나19 감염자가 대거 발생했을 때, 우리는 완전히 망연자실했다.

나는 이 사태가 믿기지 않았기에, 전염병 확산을 명료하게 예측하는 SIR 모델을 비롯한 수학 모형에 의지하기로 했다.

먼저 짚고 넘어가자. Sars-Cov-2는 바이러스이고, Covid-19*는 질병이다. 어쩌면 감정적인 요소를 배제하기 위해 선택된 밋밋하고 비인격적인 이름이지만, 일반적인 '코로나바이러스'보다는 더 정확한 명칭이다. 따라서 나는 이 이름을 사용할 것이다. 또한 표기를 좀 더 단순화하고, 2003년 발생한 사스 코로나바이러스와 혼동을 피하기 위해 이제부터는 신종 코로나바이러스, 즉 Sars-Cov-2를 Cov-2로 줄여서 쓸 것이다.

알다시피 Cov-2는 매우 단순한 형태의 미생물이다. Cov-2의 행동을 이해하려면 이 미생물의 명청한 지능으로 들어가서 그가 우리를 보듯 우리 자신을 봐야 한다. 그리고 명심할 게 있다. Cov-2는 우리가 누구인지 별로 관심이 없다는 것이다. 우리의 나이, 성별, 국적, 취미가 무엇이든 개의치 않는다. 바이러스에게 전체 인류는 오직 세 종류로 나뉜다. 감염 가능자, 즉 전염병에 옮을 수 있는 모든 사람이다. 그리고 이미 전염이 된 감염자, 그리고 더는 전염될 수 없는 회복자이다.

감염 가능자Susceptible, 감염자Infectious, 회복자Recovered : SIR

---

* 코로나바이러스감염증-19. 한국 정부는 세계보건기구WHO가 제안한 '코비드-19' 대신 '코로나19'라는 명칭을 쓰기로 했다.

내 모니터 위에서 고동치는 전 세계 Cov-2 현황 지도를 보면, 2월 29일 이 순간 전 세계 감염자는 약 9만 명가량이다. 완치자를 포함한 회복자는 그보다 약간 더 많다.

그런데 주시해야 할 부류는 기록되지 않은 나머지, 즉 감염 가능자이다. Cov-2의 감염 가능자는 바이러스가 침투할 수 있는 대상으로, 인류 75억 명 중 누구라도 가능성이 있다.

알제로값

우리가 75억 개의 구슬이라고 가정해보자. 우리는 감염 가능자이고 안정적인 상태이다. 갑자기 감염된 구슬 하나가 전속력으로 우리를 향해 굴러온다. 감염된 구슬은 첫 환자이고, 멈추기 전 적당한 시점에 다른 두 구슬과 부딪힌다. 두 구슬은 튕겨 나가 다른 두 개와 거듭 부딪친다. 이후 또 부딪치고, 또, 또…….

이렇게 전염은 연쇄 반응처럼 시작된다. 첫 단계부터 수학자들이 '기하급수적'이라고 부르는 방식으로 증가한다. 감염자가 많을수록 전파력은 더 빨라진다. 얼마나 빠른지는 모든 전염병이 숨기고 있는 숫자에 달렸다. 그 수치는 'R0'*라는 기호로 표시되고, '알제로'라고 읽는다. 질병은 그만의 R0값이 있다. 구슬의 예시에서 R0값은 정확히 2였다. 모든 감염자는 평균 두 명의 추가 감염자를 만들어낸다. 코로나19의 R0값은 약 2.5이다.

그 수치가 높은지 낮은지는 말하기 어렵다. 큰 의미가 있지도 않다. 홍역의 R0값은 약 15였다. 한편 지난 세기에 유행한 스페인 독감의 R0값은 약 2.1가량이었지만 전 세계 수천만 명의 사람들이 목숨을 잃었다.

지금 우리에게 중요한 것은 R0값이 1 미만으로 줄어들어 모든 감염자가 한 사람을 채 감염시키지 않아야 상황이 나아진다는 것이다. 그렇게 되어야만 확산이 저절로 멈추고, 질병은 종식된다. 그와 반대로 만약 R0값이 조금이라도 1을 넘는다면 유행병은 계속된다.

좋은 소식은 R0값은 바뀔 수 있다는 것이다. 어떻게 보면 순전히 우리 손에 달렸다는 뜻이기도 하다. 만약 우리가 감염 가능성을 낮춘다면, 바이러스가 이 사람에서 저 사람으로 옮겨가지 못하게 행동한다면, R0값은 내려가고 전염 속도는 줄어들 것이다. 우리가 영화관이나 밀집된 장

---

* '기초감염재생산수'라고도 말한다. 한 명의 감염자가 몇 사람을 전염시킬 수 있는지를 수치화한 것이다.

소에 가지 않는 것도 그 때문이다. 만약 우리가 필요한 기간만이라도 단호하게 사회적 거리를 둔다면 마침내 R0값은 임계점 아래로 내려가 전염병의 기세는 수그러들 것이다. R0값을 낮추는 것은 우리가 코로나19에 저항한다는 수학적 의미다.

이 미친 비선형 세상에서

나는 매일 오후 시민보호부*가 발표하는 뉴스를 기다린다. 이제 다른 것에는 아무런 관심이 없다. 세상에는 여전히 사건 사고들이 계속 일어나고 중요한 소식도 있지만, 그것들을 전혀 살피지 않는다.

2월 24일 이탈리아에서 확인된 감염자는 231명이었다. 그다음 날은 322명으로 증가했고, 또 하루 뒤에는 470명이었다. 이후 655명, 888명, 1,128명. 오늘, 3월의 첫날에는 1,694명이다. 우리가 원하던 바가 아니다. 예상한 바도 전혀 아니다.

* 재난, 비상사태 등을 예방하고 관리하는 이탈리아 국가 기관

더 쉽게 설명하자면, 어제 감염자가 10명이었고 오늘
은 20명이었다고 가정하자. 그러면 우리는 직감적으로 시
민보호부가 내일 30명의 감염자를 보고하고, 모레는 또 10명
을 더한 수치를 발표할 거라고 예상한다. 수학적인 사고에
서, 우리는 항상 선형적인 흐름을 기대한다. 무언가가 수
치적으로 증가할 때 똑같은 패턴을 따를 것이라고 생각하
기 때문이다.

하지만 현실은 그렇지 않았다. 증가 규모는 매일매일
급상승했다. 걷잡을 수 없을 것 같다. 이곳에서 바이러스
는 인간을 곤란에 빠뜨리기 위한 다른 방식을 찾은 게 아
닐까 하는 의심마저 들지만, 이 미생물의 한정된 지능으로
는 어림도 없는 소리다.

사실 자연 그 자체가 선형적으로 구성되지 않았다. 자
연은 급격하거나 훨씬 더 유연한 성장, 지수와 로그를 좋
아한다. 자연은 본래 비선형적이다.

전염병도 예외가 아니다. 하지만 과학자들에게 놀랄
일도 아닌 이 추이는 다른 모두를 공포로 몰고 갈 수 있다.
감염자 수가 '폭발적으로' 증가하고, 신문 기사에는 연일
'불안'하고 '자극적인' 제목들만 보인다. 정상 상태로부터

의 변이는 두려움을 불러일으킨다. 코로나19는 이탈리아뿐만 아니라 어디에서도 일관된 방식으로 확산되지 않는다. 현시점에서 유난히 더 빠르게 퍼지는 것 같지만 그냥 과정이 진행되는 것뿐이다. 여기에는 불가사의한 것도, 이해 못 할 것도 없다.

전염을 막는다는 것

"갈수록 더 빨라지는 확산을 어떻게 멈춰야 하는가?" 이 질문에 대한 답은 "모든 힘을 다해. 자제와 희생으로. 인내심을 갖고"이다.

이제 우리는 전염병을 막으려면 R0값을 내려야 한다는 것을 안다. 그런데 수도관 밸브를 잠그지 않고 어떻게 수도꼭지를 고치겠는가. 수도관 안의 압력이 세다면, 얼굴에 물이 튀지 않게 물살을 억제하는 방법을 찾아야 한다. 이것은 힘의 국면이다.

만약 R0값이 충분한 시간 동안(기존 감염자가 모두 밝혀지고 격리된 뒤, 감염기가 거의 끝나는 시점까지) 임계점 아래로 유지된다면 확산세가 주춤할 것이다. 감염자 수는 여전히 늘 테지만 더 천천히 진행된다. 이것이 희생의 국면이다.

그런데 앞서 R0값에 관해 말하면서 경솔했던 것 같다. 나쁜 소식도 있다. 도시 봉쇄 등의 특별 조치가 완화되는 순간, R0값은 아마도 그것의 '자연적인' 값에서 2.5의 효력을 발산할 것이다. 하지만 압력이 가해지는 수도관에서 손을 뗀다면 물줄기는 처음처럼 세차게 터져 나올 것이다. 그러면 감염자는 다시 기하급수적으로 늘어난다. 그리고 가장 힘겨운 세 번째, 인내의 국면으로 접어든다.

거듭되는 실망

어제 친구 집에서 저녁 식사를 했다. 나는 마음속으로 생각했다. 마지막이다! 오늘까지 이탈리아의 누적 감염자는 2천 명이 넘었고 격리 생활이 시작되었다. 나는 친구 집으로 들어가면서 아무에게도 입 맞추지 않았다. 약간 마음이 상해 보였다. 어리둥절했다는 게 더 맞을 거다.

이 전염병은 과도하게 나를 지배하는 것 같다. 요즘 나는 어지간히 건강 염려증 환자가 되었다. 이틀에 한 번씩 밤마다 아내에게 이마를 짚어달라고 한다. 하지만 문제는 그게 아니다. 나는 병에 걸릴까봐 겁나는 게 아니다. 그러면 무얼 걱정하냐고? 감염이 바꿀 수 있는 모든 것. 내가 알고 있는 문명의 구조가 엉성하다는 사실이 드러나는 것. 모든 게 초기화되는 것이 두렵지만, 그 반대로 아무 변화 없이 이 불안이 지나가는 것도 염려스럽다.

식탁에서 친구들은 거듭거듭 말했다. "일주일이면 해결될 거야." "그래, 며칠 더 지나면 모든 게 정상으로 돌아갈 거야." 한 친구가 내게 왜 말없이 가만히 있냐고 물었다. 나는 대답 대신 어깨를 으쓱했다. 불안감을 조성하거나 불행을 푸념하는 사람으로 비치고 싶지 않았기 때문이다.

Cov-2에 대항할 항체가 없기에 여전히 불안하고 혼란스럽다. 우리는 항상 일이 시작되고 끝나는 날짜를 알려고 한다. 자연의 시간에 따르기보다 자연에 우리의 시간을 부여하는 데 익숙해져 있다. 따라서 전염이 일주일 사이에 종식되기를, 곧 일상생활로 돌아갈 수 있기를 바라고 요구한다.

그러나 전염의 시대에는 우리가 무엇을 실제로 기대해도 되고 기대하면 안 되는지를 알아야 한다. 무작정 최선의 것을 바라는 것과 적절한 선에서 기대하는 것은 다르기 때문이다. 불가능하거나 매우 불확실한 것을 기대한다면 거듭되는 실망에 빠질 것이다. 현재와 같은 위기 상황에서 허황된 마술적 사고는 우리를 더 고통스럽게 할 뿐이다.

구슬과 구슬의 거리

"그럼 어떻게 하면 전염을 막을 수 있을까?"
"백신이 있어야겠지."
"백신이 없다면?"
"더 참고 견뎌야겠지."

역학자들은 전염병을 멈추는 유일한 방법을 알고 있다. 그것은 감염 가능자의 수를 줄이는 것이다. 확산이 쉽게 진행되지 못하게 감염 가능자의 인구 밀도를 충분히 낮춰야 한다. 구슬과 구슬이 서로 거리를 두어야 한다. 충돌을 피하면 연쇄 반응은 일어나지 않을 것이다.

백신은 질병을 거치지 않고 감염 가능자에서 회복자

로 넘어가게 하는 수학적 힘을 지닌다. 우리는 바이러스 예방 효과를 위해 백신을 접종한다.

특히 감염병전문가들은 전염병으로부터 인류를 구하는 백신에 큰 관심을 둔다. 모두가 백신 주사를 맞을 필요는 없을 것이다. 상당한 수가 접종을 해서 '집단 면역' 상태가 되게 하는 것으로 충분하다.

그런데 Cov-2는 신종 바이러스이다. 우리는 항체도 백신도 없는 무방비 상태에서 허를 찔리고 말았다. 우리에게는 너무나 갑작스러운 일이다. 그리고 SIR 모델로 볼 때, 이 새로운 바이러스 앞에서 우리는 모두 감염 가능자이다.

그러므로 우리는 얼마가 될지 모르겠지만 이 시간을 참고 견뎌야 한다. 다소 불편이 따르겠지만, 현재 우리가 쓸 수 있는 유일한 백신은 신중함뿐이다.

신중한 태도

나는 무슨 수를 써서라도 산에 가고 싶었다. 시험 기간 동안 고생한 것에 대한 보상이었다. 친구들도 나와 같은 심정이었다. 이미 비용을 다 지불한 것은 말할 것도 없다. 레두잘프$^{Les Deux Alpes}$*의 숙박비는 물론이고, 지나치게 극성떨며 주간 스키 입장권까지 예매해두었다. 우리가 살베르트란드 터널을 지날 때쯤 눈보라가 몰아쳤다. 그래도 눈이 막 내리기 시작한 터라 도로는 아직 말끔했다. 우리는 이 정도면 갈 수 있을 거라고 서로에게 말했다. 하지만 약 10킬로미터도 더 못 간 채 주차한 다른 차들 뒤에 멈춰 섰다. 거

* 프랑스의 스키 휴양지

기서 차바퀴에 스노체인을 감았는데, 처음 하는 일이라 아주 힘들게 가까스로 마쳤다. 다시 출발할 준비를 할 때쯤 도로 위의 눈은 발목까지 차올라 있었다. 나는 아버지에게 전화를 걸었다. 아버지는 내게 아주 침착하게, 특정한 상황에서는 그저 단념하는 게 가장 용기 있는 행동이 될 수 있다고 말했다.

나는 신중한 태도를 가르쳐주신 아버지에게 고마움을 느낀다. 이뿐만 아니라 아버지는 수학적 사고의 원칙도 가르쳐주셨다.

아버지는 항상 과속에 대한 강박 관념을 가지고 있었다. 고속도로에서 미사일처럼 날아가는 다른 자동차가 우리 차를 추월하면, 그 자동차의 운전자가 분명히 충돌의 파괴력이 속도가 아닌 속도의 제곱에 비례한다는 것을 모르는 것이라고 여러 번 말씀하셨다. 나는 당시 어렸기에 그 말의 개념을 전혀 이해하지 못하다가 몇 년 뒤 물리학을 공부하고 나서야 알게 되었다. 운동 에너지 공식에서 움직이는 물체의 에너지는 속도의 제곱에 비례한다.

$$E = \frac{1}{2}mv^2 \text{(운동에너지 = 1/2×질량×속도의 제곱)}$$

　여기서 충돌은 에너지(E)였고, 그 당시 아버지는 내게 선형 증가와 비선형 증가의 차이를 알려준 것이다. 어떨 때는 우리의 직관적 사고가 틀릴 수 있다고 내게 충고하신 것이다. 고속도로에서 속도 제한을 넘기는 것은 내가 예상했던 것보다 몇 배 더 위험한 수준이 아니라 그보다 훨씬 더 위험한 것이었다.

외롭고 의기소침한

밀라노의 초·중·고등학교와 대학교, 박물관, 극장, 체육관은 모두 문을 닫았다. 중심가의 황량한 풍경을 담은 사진들이 속속 휴대전화에 도착했다. 한여름 휴가 같은 3월 2일이다. 여기 로마에는 아직 평소의 분위기가 남아 있지만 제한적인 정상 상태이다. 곳곳에서 무언가가 변하고 있다는 게 느껴진다.

전염은 이미 우리의 관계를 위태롭게 만들었고, 극심한 고독감을 안겨주었다. 먼저, 집중 치료실에 입원해서 창유리를 통해 다른 사람들과 소통하는 고독. 더 널리 퍼진 다른 고독도 있다. 마스크가 채워진 입, 의심의 시선, 집에 머물러야 하는 고독이다. 전염의 시대에 우리는 모두

자유이지만 가택 연금 상태이다.

나는 열두 살이 되기 일주일 전, 수족구병이라고 불리는 질병에 걸렸다. 정확히 입술 주위와 손발에 물집이 생겼다. 열이 나지도 않았고, 가렵기는 했지만 그리 아프지도 않았다. 하지만 전염병 환자였기에 가택 격리 상태에 처했다. 방에서 나갈 때 '투명인간'처럼 흰색 면장갑을 껴야 했다. 비교적 흔한 발진성 질환이었지만, 나는 무척 외롭고 의기소침해져서 생일날 울었던 기억이 난다.

그 누구도 고립되기를 원치 않는다. 세상과의 단절이 일시적이라는 것을 알지만, 그렇다고 그저 참아내기에는 여간 고통스러운 게 아니다. 우리는 절실하게 다른 사람들과 함께, 그 사이에 있고 싶다. 소중한 사람들과 2미터 이상의 사회적 거리를 두고 싶지 않다. 그것은 숨을 쉬는 것만큼이나 중요한 욕구이다.

그래서 가택 연금 방침에 반항하고 싶은 욕구가 샘솟을 수밖에 없다. 어떤 바이러스도 나의 사회적 상호작용을 멈추게 내버려두지 않을 것이다. 한 달, 일주일, 단 일 분

도. 사람들은 계속 의심한다. 우리가 정말 그래야 할까? 누
구 말이 정말 옳을까?

격리의 딜레마

냉정한 수학적 관념에서 전염은 한판 경기이다. 섬뜩하지만 인정하지 않을 수 없다. 나름의 규칙과 전략, 목표(우리스스로 감염되지 않고 건강을 유지하는 것)가 있고, 당연히 선수는 우리 자신이다. 이 경기의 이름은 '격리의 딜레마'이다.

월요일이라 이상하긴 하지만, 바로 오늘 밤에 친구의 생일 파티가 열린다고 가정하자. 파티 장소는 작은 레스토랑이다. 이탈리아 보건부, 그리고 세계보건기구는 사람이 밀집된 장소를 피하고, 기침, 재채기 등으로 감염되지 않게 안전거리를 유지하라고 당부한다. 우리는 파티에서 사회적 거리 두기가 힘들다는 것을 알고 있다. 갑자기 슬퍼진다.

누구나 둘 중 하나를 선택할 수 있다. 부디 별일 없기를 바라며 파티에 가거나, 집에서 부루퉁한 얼굴로 파티에 있을 친구들을 생각하는 것. 나는 모든 초대자가 두 경우를 두고 고민하리라는 것을 안다. 그리고 다소 심술궂은 기대를 건다. 많은 사람이 참석을 포기해 평소보다 한산한 파티에 가는 것 말이다. 그러면 좋겠지만 아마 모두들 나와 같은 결론을 내릴지 모른다는 의혹이 든다. 많은 사람이 위험을 무릅쓴 채 모였는데, 만약 우리 중 한 명이라도 감염자가 있다면……. 아니, 생각조차 하기 싫다.

수학은 가능한 모든 시나리오를 고려한다. 모든 초대자의 선택에 수치를 부여하고, 표에 깔끔하게 배열해 써넣는다. 그리고 정보값이 한 칸에서 다른 칸으로 옮겨질 때 무슨 일이 일어나는지 관찰한다. 누구는 잃고 누구는 얻는다. 마침내 우리 손에는 비직관적인, 예상과 다른 결과만 남는다. 제일 나은 선택은 내 개인적 이익만 따지지 않는 것이다. 나의 이익과 다른 모두의 이익을 동시에 고려해야만 최고의 결정을 내릴 수 있다. 요약하자면 다음과 같다.

"미안하지만 일정을 다시 잡아야겠어요."

운명론에 맞서며

요컨대 전염병은 우리가 집단의 일원이라는 것을 새삼 깨닫게 한다. 정상적인 사회체제에서 우리가 발휘하지 못했던 상상력을 거침없이 펼치게 한다. 우리는 다른 사람들과 서로 떼어놓을 수 없는 관계이고, 개인적 선택을 할 때도 타인의 존재를 고려해야 한다. 전염의 시대에 우리는 단일 유기체의 일부다. 전염의 시대에서 우리는 하나의 공동체이다.

최근 자주 제기되는 반론이 있다. 바이러스의 치사율이 그다지 높지 않다는데, 젊고 건강한 사람들까지 몸을 사리면서 평범한 일상을 포기해야 할까? 각자의 운명에

맡기는 것도 모든 자유 시민의 기본 권리가 아닐까?

아니, 우리는 모험을 해서는 안 된다. 적어도 두 가지 이유 때문이다.

첫 번째는, 순전히 숫자다. 코로나19 치료에 필요한 입원 비율은 절대 무시할 수 없다. 이후 달라질 수 있겠지만, 현재의 입원율은 감염자의 10퍼센트이다. 이는 상당히 높은 수준이고, 단기간에 많은 감염자가 발생하면 의료진과 시설, 장비 부족으로 의료 체계는 붕괴할 위기에 처한다.

두 번째는 단순히 인간적인 이유에서다. 우리 사회는 상대적으로 감염에 취약한 사람들의 부분 집합을 포함한다. 고령자들과 신체가 건강하지 못한 사람들로, 그들은 고위험군 감염 가능자라고 불린다. 건강한 젊은이들이 바이러스에 노출되면 자동으로 그들의 감염 가능성은 더 커진다. 전염의 시대에 감염 가능자는 그 자신뿐만 아니라 다른 사람들도 보호해야 한다. 감염 가능자들은 각자가 하나의 방역선이기도 하기 때문이다.

그러므로 전염의 시대에 우리 행위는 전적으로 개인에게 국한되지 않는다. 나는 지금 이 위기가 지나가더라도 그 점을 마음에 새기고 싶다.

그래서 간결한 문구, 기억할 만한 구호를 1972년 《사이언스》에 실린 논문에서 찾았다. 〈많으면 다르다 More is different〉. 필립 워런 앤더슨 Philip Warren Anderson*은 전자 및 분자와 관련해 이 논문을 썼지만, 우리에게 다른 것도 시사하고 있다. 집단에서 우리 행동이 모여 만들어내는 누적 효과는 행동 하나가 만들어내는 효과의 합과 다르다는 것이다. 우리는 다수이고, 우리 각자의 행위는 각각 지각되기 어려우며, 막연한 전체 결과로 이어진다. 전염의 시대에 연대감 부재는 무엇보다도 상상력의 결여에서 온다.

---

* 미국의 물리학자. 1977년 영국의 네빌 F. 모트, 미국의 존 H. 밴블렉과 함께 노벨물리학상을 공동 수상했다.

다시 운명론에 맞서며

현재 우리가 걱정해야 하는 사회는 우리 동네나 도시가 아니다. 우리 지역도 아니고 이탈리아나 유럽도 아니다. 전염의 시대에서 '우리 사회'는 '인류 사회 전체'이다.

만약 국민의 건강을 수호하는 국가 의료 서비스의 수준이 높으면 전염병을 이겨낼 수 있다. 그런데 여기서 조금 극단적인 생각을 해본다. 만약 우리보다 의료 여건이 열악한 아프리카에서 코로나19가 맹렬하게 확산한다면 어떤 일이 벌어지겠는가? 병원 시설이 전혀 없는 곳에서 무슨 일이 생기겠는가?

2010년에 나는 콩고민주공화국의 수도 킨샤사^{kinshasa}에

파견된 국경없는의사회를 방문했다. 파견단은 에이즈 예방과 에이즈 감염자, 특히 매춘부와 그 자녀들을 돌보는 일에 열중했다. 나는 거대한 매음굴로 쓰이는 오두막이 지금도 선명하게 그려진다. 그곳에서 여러 가족이 더러운 커튼으로 분리된 공간에 살고 있었고, 여자들은 장애가 있는 자식들 앞에서 몸을 팔았다. 내 기억이 이처럼 생생한 것은 너무나 큰 충격이었기 때문이다. 그처럼 완전하고 잔인한 불행은 처음 보았다.

　이제 나는 바이러스가 그 오두막에 퍼졌다고 상상해 본다. 왜냐하면, 우리는 여전히 스스로 자제할 줄 모르고 기어코 친구의 생일 파티에 가려고 했기 때문이다. 그 사태가 벌어지면, 우리의 특권인 운명론에 대한 책임을 누가 지겠는가?

　우리는 모두 똑같은 조건의 감염 가능자가 아니며, 나이나 건강 상태로만 고위험군 감염 가능자를 단정 지을 수 없다. 수많은 사람이 사회, 경제적 이유로 취약한 감염 현실에 노출돼 있다. 그들 모두 지리적으로 매우 멀리 있지만, 운명은 우리와 매우 가깝게 연결돼 있다.

인간은 섬이 아니다

내가 고등학생이었을 때, 반세계화 시위가 자주 벌어졌다. 나는 딱 한 번 참가했는데 실망감만 안고 돌아왔다. 그땐 모든 게 너무 추상적이고 막연하게 다가와 정확히 우리가 무엇을 규탄하고 있는지 이해할 수 없었다. 솔직히 말하면, 나는 근사한 음악과 멋진 여행을 약속하는 세계화가 좋았다.

지금도 '세계화'라는 용어는 모호하고 다변형적인 생각처럼 설명하기 어렵다. 하지만 수면 위로 드러난 부작용 덕분에 적어도 대강의 모습은 추측할 수 있다.

예를 들면 전염병의 대유행pandemic 같은 것. 이러한 상황에서는 그 누구도 피해갈 수 없는 새로운 형태의 공동 책임을 가진다.

정말이지 아무도 모면할 수 없다. 펜으로 선을 그어 인간들의 상호 교류를 표시한다면, 세상은 단 하나의 거대한 잉크 얼룩일 것이다. 2020년에는 엄격한 수도자도 최소한의 인간관계를 유지한다는 말이다. 수학적 관점에서 보면, 우리는 경로가 매우 복잡하게 얽힌 연결 그래프 속에 산다. 바이러스는 이 경로를 타고 어디든지 달려간다.

전염의 시대에, '인간은 섬이 아니다'라는 존 던^{John Donn}*의 묵상이 더욱 의미심장하고 새롭게 다가오는 이유다.

---

* 영국의 시인이자 성공회 사제. 어니스트 헤밍웨이의 소설 《누구를 위하여 종은 울리나》와 토머스 머튼의 에세이 《인간은 섬이 아니다》는 그의 시구절에서 따온 제목이다.

능력이 형벌이 되어

우리는 구슬이 아니다. 욕구와 신경증으로 가득 차 있는 인간이다. 특히나 우리는 할 일이 너무 많다. 우리는 이전의 모든 세대보다 더 자주 더 멀리 다니고, 선조들이 현기증을 일으킬 만큼 수많은 타인과 교류한다.

만약 우리가 지독한 감기에 걸렸다면, 바이러스는 우리 안에서, 우리와 같이 이동한다. 그러면서 여기저기에 독감 바이러스를 퍼트린다. 밀라노와 런던에, 하루걸러 장을 보는 슈퍼마켓에, 지난 일요일 점심을 먹은 부모님 집에⋯⋯.

감염은 공평하게 진행된다. 특히 재채기를 통한다면 더 효과적이고, 감염자에게 자각 증상이 없는 경우라면 더 더욱 확실하다. 벌과 바람이 꽃가루를 실어 나르듯, 우리의 근심과 병원체를 실어 옮긴다.

사스 코로나바이러스는 2002년 중국 남부 광둥성의 한 시장에서 처음 발병했다. 한 의사가 병원에서 감염되었고, 그는 홍콩의 호텔로 바이러스를 옮겼다. 호텔에서 감염된 두 여자는 이후 토론토와 싱가포르로 갔고, 그곳에서 사스가 급속히 퍼져나갔다. 전염병은 다양한 경로를 따라 유럽도 스칠 수 있었지만 그때는 무사히 지나갔다.

항공 교통은 바이러스의 운명을 바꾸었다. 아주 먼 땅을 더 빨리 침범하게 만들었다. 하지만 비행기만 일조한 건 아니다. 현대인은 기차와 버스, 자동차, 그리고 지금은 전동 스쿠터도 이용한다. 75억 명의 인간이 동시에 돌아다닌다. 이들 모두 빠르고 편안하고 효율적인(우리가 딱 좋아하는 그대로) 바이러스의 수송망이다. 전염의 시대에 우리의 능력은 자신에게 가하는 형벌이기도 하다.

혼돈

전체가 동시에 이동하는 것은 엄청난 카오스 상태를 초래한다. '카오스'라는 말은 수학과 합리적 사고로는 이해하기 힘들어 보인다. 그런데 따지고 보면 그렇지도 않다. 우리에게는 혼돈을 다스릴 수 있는 정교하고 효율적인 기술이 있다. 방정식, 정확히 말해 혼돈 체계가 장차 어떻게 진전되는지 살피기 위한 서로 연결된 방정식 묶음이 있다.

일기 예보가 이렇게 만들어진다. 기상예보관은 세계 곳곳에 있는 무수한 온도계와 기압계의 측정값과 위성 영상, 풍속, 강우량 등을 수집한다. 그 엄청난 양의 다양한 관측 자료를 기상 모델 방정식에 대입한다. 그리고 컴퓨터에서 시뮬레이션을 실행한 뒤 확률과 관련된 내일의 기상

예보를 얻는다.

오늘은 2020년 3월 3일이고, 우리는 서로 다른 예보를 접하고 있다. 지금 우리에겐 보여지는 것보다 훨씬 많은 데이터가 필요하다. 세상 곳곳에 얼마나 많은 사람이 살고 있으며, 그들이 어디를 오고 가는지 알아야 한다. 모두의 움직임을 아는 것, 거기서 그치지 않는다. 우리가 바뀐다면 전염병의 형세 역시 달라질 것이다. 우리가 사무실을 가지 않고, 사회적 거리 두기를 유지하고, 사태를 걱정한다면 시뮬레이션은 그 모두를 고려할 것이다.

지금 수학자들은 이 시뮬레이션을 연구하고 있다. 물리학자, 의사, 역학자, 사회학자, 심리학자, 인류학자, 도시학자, 기후학자도 마찬가지다. 과학자들은 그 어느 때보다도 치열하게 연구에 몰두하고 있다. 모두는 내일 Cov-2가 어디로 갈지 예측하기 위해 SIR 모델을 정확한 통계들로 채우고 있다. 만약 우리의 시뮬레이션 작업이 잘 진행된다면, 며칠이라는 시간을 벌 수 있을 것이다.

시장에서

현재 우리는 Cov-2의 미래보다 과거에 대해 더 잘 알고 있다. 어디서 어떻게 시작된 건지 분명하지는 않지만 어느 정도 시간이 지나면 진상을 밝혀낼 수 있을 것이다. 새로운 바이러스가 등장하는 일반적인 원리는 대체로 비슷하니까 말이다.

Cov-2는 사스 코로나바이러스와 인간면역결핍바이러스처럼 다른 종의 동물을 매개로 인간에게 전파되었다. 많은 사람들이 Cov-2의 주범으로 사스 코로나바이러스의 감염원이기도 했던 박쥐를 지목한다.

그런데 Cov-2는 박쥐에서 인간으로 직접 옮겨진 게 아니라 뱀으로 추정되는 다른 동물을 통해 전해졌다. 바이러스의 RNA*는 이 새로운 숙주 안에서 인간에게 위험한 개체로 변이를 일으켰다. 이 변이 이후 Cov-2의 두 번째 단계가 시작됐다. 첫 인간에게 전이되어 한 명 이상의 감염자를 만들었고, 곧 우리 모두를 패닉으로 몰고 간 전 세계적 비상사태를 발생시켰다.

현재 세계는 이 모든 과정이 중국 우한의 한 시장에서 벌어졌다고 추정한다. 이 시장에서는 다양한 종류의 야생동물이 좁은 우리 안에 다닥다닥 밀착되어 있었고, 이것은 병원균이 전파되기에 최적의 환경이었다.

바이러스 확산이 언제, 어디서, 어떻게 일어났는지 정확하게 재구성하는 것은 단지 호기심 그 자체를 해소하기 위한 게 아닌, 바이러스를 억제하는 것만큼 중요한 전염병학의 임무이다. 하지만 그 과정은 아주 더디고 어려울 것이다.

그런데 이런 일련의 과정은 무시된 채 많은 사람들이 Cov-2의 발생 정황을 간단하게 혹독한 몇 마디로 요약해버렸다.

* Ribonucleic acid의 약자로 핵산의 일종. 유전자 본체인 DNA가 가진 유전 정보에 따라 필요한 단백질을 합성할 때 직접 작용하는 고분자 화합물이다.

"중국 사람들은 역겨운 동물들을 먹는대. 그것도 날것 그대로."

슈퍼마켓에서

나에게는 일본 여자와 결혼한 친구가 있다. 그들은 밀라노 인근에 살고 다섯 살 된 딸을 두고 있다. 바로 어제, 슈퍼마켓에서 장을 보던 엄마와 딸은 갑작스럽게 몇몇 사람들의 표적이 되었고 힐난을 들었다.

"전부 당신들 잘못이야. 집으로, 중국으로 돌아가!"

공포는 우리를 이상하게 만든다. 내가 태어난 1982년에 이탈리아에서는 첫 에이즈 환자가 발생했다. 그 당시 아버지는 34세의 외과 의사였다. 아버지는 내게 에이즈 환자 발생 초기 상황을 이야기해주셨는데, 아버지도 동료

들도 어떻게 대처해야 할지 몰랐다고 한다. 아무도 그 바이러스가 무엇인지 정확하게 알지 못했다. 고작 한 대처라고는 감염된 환자를 수술할 때 예방 차원에서 장갑 두 켤레를 착용한 게 전부였다.

어느 날, 수술실에서 에이즈 환자의 팔에서 흘러나온 피 한 방울이 바닥에 떨어졌고, 마취과 의사는 비명을 지르며 뒤로 펄쩍 물러났다. 그들은 모두 의사였지만, 겁에 질려 있었다. 완전히 새로운 임무 앞에서 준비가 되어 있는 사람은 없다.

그때와 똑같은 상황을 겪으면서, 우리는 분노, 공포, 불안, 냉소, 불신, 체념으로 대응하고 있다. 두려움 앞에 툭 튀어나오는 인간의 반응이자 민낯이다. 이것을 인지한다면 우리는 평소보다 조금 더 신중하게 행동하고, 연민의 마음을 갖게 될 것이다. 그러면 아마도 슈퍼마켓에서 모욕적인 말을 퍼붓는 무례한 언동은 시작하지 않을 것이다.

그리고 (아시아인의 국적을 외모로 구별하지 못 하는 우리 한계는 그렇다 치더라도) 이 전염병이 '그들' 탓이 아니라는 걸 이해해야 한다. 굳이 따져야 한다면, 우리 모두의 잘못이다.

책임은 누구에게 물어야 할까

세상은 놀랍게도 여전히 불모지이다. 우리는 모든 것을 속속들이 탐구했다고 생각하지만 아무것도 알지 못하는 미생물의 세계가 여전히 존재하고, 짐작조차 못한 생물 종간의 상호 작용도 있다.

인간이 환경에게 가한 폭력은 지금까지 자신들의 소굴에 잠잠히 머물러 있던 새로운 병원체들을 외부로 끄집어냈고 접촉 가능성을 더욱 높였다.

산림 벌채는 자연 서식지를 파괴하고, 결국 우리의 현존을 위협했다. 거침없는 도시화도 마찬가지다.

많은 동물 종의 급격한 멸종은 그들 몸에 서식하던 세균들을 다른 곳으로 옮겨가게 만들었다.

집약적 축산은 본의 아니게 그야말로 모든 것을 증식하는 사육장이 된 지 오래다.

우리들 중 작년 여름 아마존 열대우림에서 일어난 대형 화재가 어떤 결과를 발생시켰는지 진정으로 아는 사람이 있을까? 최근 오스트레일리아에서 일어난 산불로 동물들이 대량 멸종됐는데 그 여파가 어떻게 나타날지 누가 예측할 수 있을까? 아직 이름조차 짓지 못한 미생물들은 곧 새로운 터전이 필요할지도 모른다. 사실 우리 인간보다 더 나은 번식지가 어디 있을까? 우리는 수효가 많은 데다 더욱더 증가할 것이고, 사방팔방 움직이며 수많은 관계를 맺는, 미생물 입장에서는 최적의 숙주 아닌가?

감염은 징후다

바이러스는 환경 파괴로 생겨난 수많은 피난민 중 하나다. 그 옆에는 박테리아, 곰팡이, 원생동물이 있다. 잠시 인간 중심적 사고에서 벗어나면, 이 새로운 미생물들이 우리를 찾아온 게 아니라 우리가 그들을 쫓아내고 있었음을 깨닫게 될 것이다.

인간은 끝없이 식탐을 부린다. 내버려두는 게 더 나을 동물들까지 먹고 있다. 가령 서아프리카 국가들에서는 식용으로 부적합한 수렵물의 소비가 증가하고 있다. 안타깝게도 수렵물 중 박쥐는 에볼라바이러스의 숙주이다.

에볼라바이러스가 인간에게 전달된 것은 박쥐와 고릴라의 접촉에서 기인하고, 그 두 종의 접촉 가능성은 나무 열매의 과잉 생산에서 더 커지고, 과잉 생산은 이상 강우와 가뭄기가 갈수록 더 격하게 교차하는 데서 비롯되고, 그 교차는 기후 변화에서 기인하고…….

원인과 결과의 지독한 연관성을 생각하면 머리가 어질어질하다. 하지만 이 같은 연관성은 연속적이고 치명적인 결과로 모습을 드러낼 수 있기에 우리는 시급히 이 연결 고리를 끊어내야 한다. 왜냐하면 이 고리의 끝에서 지금보다 더욱더 끔찍한 신종 전염병과 맞닥뜨릴 수 있기 때문이다. 그리고 모든 문제의 먼 근원에는 언제나 우리가, 우리의 모든 행동이 개입돼 있기 때문이다.

나는 처음에 이 글을 시작하며, 현재 벌어지는 일은 과거에 이미 발생했고, 앞으로도 일어날 것이라고 강조했다. 갑작스러운 예언이 아니다. 어림짐작도 아니다. 오히려 지금은 더 냉정하게, 코로나19와 같은 사태는 앞으로 더 자주 일어날 것이라고 덧붙이고 싶다. 감염은 징후이기 때문이다. 전염은 생태학 속에 있다.

새로운 생각으로의 초대

1980년대에는 한껏 부풀린 머리 스타일이 유행했다. 헤어숍에서, 집에서 매일 수백 리터의 헤어스프레이가 대기 중으로 분사되었다. 그런데 헤어스프레이에 다량 함유된 염화불화탄소^{CFC}가 오존층에 구멍을 내고 있다는 사실이 밝혀졌다. 오존층이 파괴되면 우리는 강렬한 태양 빛을 고스란히 받게 된다. 그대로 뒀다면 태양은 아마 지구상의 모든 생명체를 산 채로 구워버렸을 것이다. 다행히 많은 사람들은 스프레이 사용을 자제했고, 머리 스타일을 바꾸었으며, 인류는 무사히 위기를 넘겼다. 그때 우리는 유능했고 협조적이었다.

하지만 오존 구멍은 상상하기가 쉬웠다. 누구나 어떤

모습일지 상상이 가는 그저 그런 구멍이었다. 그런데 오늘날 직면한 위기, 우리가 이해하고 시각화해야 할 것은 포착하기도 어려운 데다 훨씬 추상적이다.

이것이 우리 시대의 역설이다. 현실은 갈수록 복잡하게 변하지만, 우리는 점점 더 복잡성을 다스리지 못한다.

기후 변화를 예로 들어보자. 지구의 온도 상승은 유가 정책, 개인의 휴가 계획, 복도의 전깃불 끄기, 중국과 미국의 경제 경쟁을 수반한다. 또한 우리가 시장에서 사는 육류, 무분별한 산림 파괴와 관련 있다. 우리가 한 가닥 실마리를 찾아보려고 하기도 전에 벌써 지쳐버릴 만큼 개인과 전체는 불가사의하게 서로 얽혀 있다.

그 결과는 훨씬 더 나쁘다. 지구의 한쪽 아마존 우림에서는 건조한 기후로 화재가 발생하고, 동시에 다른 한쪽 인도네시아에서는 집중호우로 홍수가 발생한다. 여름은 전례 없이 더 덥고, 겨울은 더 춥다. 과학자들은 이렇게 가다가는 우리가 살아남을 수 없을 거라고 계속 경고한다. 어떻게 해야 할까? 여름이 돌아올 때마다 최고 기록을 경신한 폭염에 대해 왈가왈부해봤자 별 도움이 되지 않는다. 언젠가는 익숙해져서 따지지도 불평하지도 않을 것이기 때문이다.

한 가지 확실한 것은 우리의 지혜가 복잡한 기후 변화를 다루기에는 부족하다는 것이다. 하지만 어떻게든 서둘러 방안을 준비해야 한다. 기후 변화가 초래하는 질병에는 에볼라 외에도 말라리아, 뎅기열, 콜레라, 라임병, 웨스트나일바이러스가 있고, 부유한 나라에서야 다소 성가신 정도겠지만 일부 빈곤한 나라에서는 매우 심각한 위협이 될 질병도 있다.

그러므로 지금 우리가 맞닥뜨린 새로운 전염병은 어쩌면 지금 꼭 필요한 '생각으로의 초대'일지도 모른다. 유예된 활동, 격리된 시간들은 그 초대에 응할 기회이다. 무엇을 생각해야 하느냐고? 우리는 단지 인간 공동체의 일부가 아니라는 것. 섬세하고 숭고한 생태계에서 우리야말로 가장 침략적인 종이라는 것.

외면했던 식물의 죽음

나는 살렌토 반도^{Salento}*에서 여름휴가를 보낸다. 멀리서도
그곳을 종종 생각하곤 하는데 늘 올리브나무들이 가장 먼
저 떠오른다. 오스투니에서 바다로 가는 길에는 아주 오래
된 장엄한 올리브나무들이 있다. 그들을 보고 있으면, 단
순히 그저 식물이란 생각이 들지 않는다. 인상적인 외관에
다 지각이 있는 것처럼 느껴진다. 때때로 한 그루를 억지
로 뽑아가고 싶은 마법적인 충동에 휩싸이곤 했다.

* 이탈리아 지형에서 남동쪽 끝에 해당하는 반도. 행정구역은 풀리아주에 속
한다. 이 글에서 언급되는 오스투니, 갈리폴리, 브린디시, 레체는 살렌토 반도
에 있는 도시이다.

2010년에 포도피어슨병균^{Xylella fastidiosa}*이 갈리폴리 인근 식물들을 덮쳤다. 병균은 그곳에서부터 넓은 올리브나무 밭을 휩쓸며 북쪽으로 끈질긴 행진을 이어갔다. 처음에는 나뭇잎이 햇빛에 탄 것처럼 보였지만, 차츰 시간이 흐르면서 앙상하게 말라죽었다. 작년 여름 나는 브린디시에서 레체로 이어진 도로를 운전하면서 잿빛 나무들의 묘지를 보았다.

더욱 유감인 건 10년의 세월이 지나도 여전히 모두가 의견 일치를 이루지 못했다는 것이다.

– 포도피어슨병균이 존재한다.

– 아니, 포도피어슨병균은 존재하지 않는다.

– 포도피어슨병균은 모든 올리브나무를 감염시킬 것이다.

– 포도피어슨병균은 부실한 올리브나무들만 덮친다.

– 포도피어슨병균은 제초제 때문에 생긴다.

– 포도피어슨병균은 중국에서 건너왔다(다 그들 잘못이다).

---

　*　식물의 물관에 침투해 입을 마르게 하는 병원균. 350종 이상의 식물을 감염시킬 수 있는 치명적인 균으로 이탈리아의 올리브 농장을 휩쓸고 유럽 전체로 확산되었다.

- 우리는 감염된 나무에서 100미터 반경 내의 모든 나무를 뽑아내야 한다.
- 옛날 방식대로 줄기에 석회를 바르는 것으로 충분하다. 아무도 올리브나무에 감히 손대지 못한다!
- 전염병은 지역적인 문제이다.
- 전염병은 국가적인 문제이다.
- 아니, 유럽의 문제이다.

이러는 동안 병원균은 계속 퍼져나갔고, 아무런 방해도 받지 않고 번식했다. 프랑스의 앙티브, 코르시카섬, 스페인의 마요르카섬에 발을 디딘다. 포도피어슨병균은 휴양지를 사랑한다.

전문가들의 논쟁

3월 4일이다. 정부는 지금 막 이탈리아 전 도시에 휴교령을 발표했고, 나는 이미 몇몇 사람과 언쟁을 벌였다. 이 시기에 가장 논쟁이 되는 문제는 코로나19와 계절 독감의 차이다. 그리고 봉쇄 조치가 너무 느슨하다, 또는 지나치다 등의 문제에도 말이 많다.

처음부터 그랬다. 한쪽에서는 사람을 죽이는 바이러스의 위험을 강조하는가 하면 다른 쪽에서는 매우 과대평가된 감기처럼 말한다. 누군가는 평소보다 손을 좀 더 자주 씻으면 그만이라고 말하고, 누군가는 나라 전체에 격리 조치가 내려져야 한다고 주장한다.

"전문가들이 한 말이야." "전문가들의 견해래." "하지만 전문가들 생각은 다르대.”

시몬 베유^{Simone Weil}*는 ‘과학의 신성함은 진실에 있다’
고 썼다. 하지만 똑같은 자료와 모델을 공유해서 나온 결
론이 서로 다르다면 대체 무엇이 진실일까?

전염의 시대에 과학은 우리를 실망시킨다. 우리는 확
실한 답을 듣고 싶었고, 견해에 귀를 기울였다. 그런데 우
리는 과학에 대한 의심이 그 어떤 진실보다도 더 신성하
다는 것을 잊고 있었다. 항상 그렇게 돌아가고, 그렇게밖
에 돌아가지 못한다는 것을 잊고 있었다. 이제 우리는 관
심이 없다. 아이들이 싸우는 모습을 부모가 내려다보듯 전
문가들의 논쟁을 가만히 지켜보자. 그러고 나서 우리들의
논쟁을 시작하자.

* 프랑스의 철학가, 신비주의자, 정치 활동가.

오컴의 면도날

일치가 없는 곳에, 벽돌 틈새에서처럼 잡초가 자란다. 과학의 잡초는 추측, 조작, 허위 사실이다. 과학과 추정의 합의가 없는 곳엔 반쪽자리 진실과 거짓만이 피어난다.

- 포도피어슨병균은 외국 다국적기업들이 이탈리아의 올리브오일 산업을 무너뜨리기 위해 실험실에서 만들어 낸 것이다.
- 사실은 그게 아니다. 풀리아주를 골프장으로 덮어버리기 위해서이다.
- 기후 변화는 자연 순환의 일부이다.

- 그레타 툰베리^{Greta Thunberg}*는 외국 다국적기업들로부터 돈을 받았다. 그리고 플라스틱을 막 쓴다.
- 코로나바이러스도 외국 다국적기업들의 실험실에서 만들어졌다. 백신을 팔아먹기 위해서이다.
- 여러 차례의 백신 접종은 아이들에게 자폐증을 유발한다.
- 계절 독감 사망자가 코로나19 사망자보다 더 많다.
- 어쨌든 중국인들은 이 모든 것에 대해 미리 알고 있었다.
- 어쨌든 미국인들은 이 모든 것에 대해 알고 있었다.
- 빌 게이츠 역시 알고 있었다.
- 지금 우한 거리에서는 사람들이 서로 총을 쏘고 있다.

Cov-2가 비밀 군사 실험실에서 밀반출된 작은 유리병으로 인해 중국에 퍼졌다고 믿는 것은 자유다. 어쩌면 박쥐를 통해 전파됐다는 가설보다 훨씬 혹하는 이야기다. 하지만 그 주장은 이미 수없이 반복되었던 실증적 현상이 아닌 자의적인 전제일 뿐이다. 실험실과 군사 프로젝트, 유리병, 밀반출 계획의 실재는 검증되지 않았다. 이런 상

---

* 스웨덴의 청소년 환경운동가. 기후 변화 대책을 촉구하는 운동에 앞장서고 있다.

황에서 과학은 '오컴의 면도날'*을 잣대로 삼는다. 다시 말해 항상 지름길을 선택한다는 뜻이다. 가장 단순한 가정, 즉 논리의 비약이 없는 해결책이 가장 정확한 해결책이다. 비밀 실험실 가설이 더 흥미진진하다는 건 알지만 범죄 영화 소재에 쓰이도록 그냥 두자.

---

* 흔히 경제성의 원리, 단순성의 원리라고도 한다. 같은 현상을 설명하는 두 개의 주장이 있다면 간단한 쪽을 선택해야 한다는 논리를 펼친다.

거짓과 추측의 생태계

나는 20년 동안 중국의 만리장성이 달에서 보이는 인간의 유일한 건축물이라고 믿었다. 많은 사람들이 그리 얘기했고, 또 어떤 것은 진지하게 생각하지 않고도 믿을 수 있기에, 나는 아무 의심 없이 그렇게 믿었다. 마침내 실제로 만리장성에 발을 딛고 한 시간 정도 걸었을 때, 나는 그것이 말도 안 되는 소리라는 걸 깨달았다. 장성은 웅장한 건축물이긴 했지만 폭이 꽤 좁았다. 그 먼 하늘에서 보일 리가 없었다.

가짜 뉴스는 전염병처럼 유포된다. 확산 유형도 전염병과 똑같다. 잘못된 정보 앞에서 우리는 감염 가능자이거나 감염자, 회복자이다. 우리를 놀라게 하고, 자극하고, 분노케 하는 가짜 뉴스가 많아질수록 우리는 전염병에 더 취약해진다.

어제 이탈리아의 코로나19 확산세가 감소하고 있다는 뉴스를 곳곳에서 읽을 수 있었다. 오늘 아침부터 전문가들은 전력을 다해 반론을 제기하고 있다. 근거 없는 희망이고, 아직 그럴 때가 아니라고 말이다. 하지만 어제의 뉴스는 이미 풍토병이 되어 구석구석으로 퍼졌다. 페이스북, 트위터, 셀 수 없이 많은 왓츠앱 집단으로 흘러갔다. 코로나19가 비행기로 세계 구석구석에 옮겨지듯, 거짓 뉴스는 스마트폰을 통해 믿을 수 없을 정도로 빠르게 확산된다.

불가피하게, 누군가는 확산세가 잡히지 않았다는 것을 깨닫고 실망할 것이다. 결국, 이 실망은 왜 전염을 멈출 수 없는지에 대한 또 다른 추측을 불러일으킨다. 그리고 이전 추측들에 덧붙여진다. 막연한 생각일지라도 한번 형성된 추측은 일종의 생태계를 형성한다. 그곳은 마녀의 솥단지처럼 무슨 일이든 벌어질 수 있는 무한 증식의 세계다.

숫자와 공포

신문사들이 홈페이지에 더는 감염자 수를 발표하지 않기로
했을 때, 나는 못마땅했고 배신감마저 들었다. 나는 어쩔 수
없이 다른 매체에서 정보를 구해야 했다. 전염의 시대에 투
명한 정보는 권리가 아니라 필수적인 예방 의학이다.

감염 가능자에게 정보가 전달되면(수치, 장소, 입원 상황
등), 상황에 맞게 더 잘 행동할 것이다. 물론 모두가 다 그
런 것은 아니다. 예상외의 태도를 보이는 사람도 있을 수
있다. 하지만 대부분은 합리적 추론을 할 수 있는 이성을
갖추고 있다. 지금 진행 중인 시뮬레이션들은 모두 전염병
확산을 저지하는 요소로서 우리의 의식을 고려하고 있다.

하지만 처음부터 숫자는 불안을 부추긴다는 이유로

비난받았다. 그래서인지 정부는 은폐하거나 더 적어 보이게 하는 다른 계산법을 쓰는 게 낫다고 여겼다. 하지만 곧이어 심각한 공포 분위기가 조성되었다. 보기보다 상황이 훨씬 더 심각해 진실을 감추는 게 아니냐는 두려움이 밀려온 것이다. 이틀 후, 신문사는 다시 숫자를 게시했다.

이러한 혼란은 우리의 관계가 불협화음을 내고 있다는 신호다. 현대사회에서 시민과 기관들, 그리고 전문가들은 서로 믿지 못하는 삼각관계에 놓여 있다.

기관은 전문가를 믿는 것처럼 우리를 신뢰하지 않는다. 사실 전문가들도 시민을 크게 신뢰하지 않으며, 우리에게 의심쩍은 구석을 남기는 매우 단순화된 표현들만 사용한다. 시민은 처음부터 기관들에 의혹을 품었고, 앞으로도 그럴 것이다. 따라서 전문가들에게 고개를 돌리지만, 그들은 허우적대고만 있다. 결국 우리는 불확실한 상황 속에서 우리에 대한 또 다른 불신을 남기며 평소보다 더 나쁘게 처신한다. 의심의 굴레는 모든 것을 갈아엎는다.

바이러스는 이러한 악순환, 즉 과학이 우리의 일상생활과 부딪힐 때마다 거의 항상 만들어내는 불신의 고리를 드러냈다. 극심한 공포는 숫자에서 나오는 게 아니라 그

고리에서 솟아 나온다.

　한편 공포^{panic}의 어원은 그리스 신화 속 삼림과 들의 신 '판^{Pan}'에서 유래됐다. 판은 때때로 큰소리를 질렀는데, 그 소리가 어찌나 크고 끔찍했던지 주위가 온통 소스라치게 놀랐다고 한다.

날수를 세면서

방금 이메일을 하나 받았다. 원래였다면 나는 크로아티아의 자그레브에서 열리는 학회에 참석할 예정이었다. 이번 학회는 여러 국가의 분야별 전문가들이 모여 유럽인으로 사는 의미를 함께 모색하는 자리였다. 주최 측은 나에게 '참석을 재고해달라'고 요청했다. 관할 당국이 위험 지역에서 오는 손님들의 참석을 만류하고 있는 모양이다. 이탈리아는 현재 중국, 싱가포르, 일본, 홍콩, 대한민국, 이란과 함께 위험 지역에 속했다. 감염의 주요 7개국(G7)이다.

전염병의 기세는 꺾이지 않고, 전 세계 감염자 수는 3월 초인 지금 10만 명에 육박한다. 나는 계획이 무산된 내 달력을 바라본다. 3월은 예상과 다를 것이다. 4월은 나아질 것이다. 통제력을 잃은 듯한 이상한 기분이 든다. 익숙하진 않지만, 거기에 맞서지도 않는다. 이렇게 놓친 기회들 중 후회 없이 일정을 재조정하거나 그저 잊어버리고 말 수 있는 건 하나도 없다. 우리는 주의를 기울이고 존중해야 하는 더 큰 무언가를 앞에 두고 있다. 심지어 우리의 모든 헌신과 책임을 강하게 요구하고 있다.

이 위기 상황은 시간과 관련이 깊다. 우리는 시간을 조직하고 일그러뜨리고 인내한다. 반면 우리의 시간을 오만하게 쥐고 흔드는 미세한 힘에 휘둘리기도 한다. 교통 체증에 갇혀 있듯 답답하고 화가 나지만, 정작 주위에는 아무도 없다. 이 보이지 않는 정체 구간에서, 우리는 정상 상태로 돌아가기를 원하고 우리에게 그럴 권리가 있다고 느낀다. 여태껏 일상생활이 이처럼 중요한 의미로 다가온 적은 없었다. 정확히 그 실체가 무엇인지도 알지 못했던 정상 상태가 한순간에 우리가 지닌 가장 신성한 것이 되었다.

하지만 정상적인 일상은 중단되었고, 아무도 앞일을 예측할 수 없다. 지금은 변칙적인 시기이다. 우리는 그 안에서 사는 법을 익히고, 이례적인 현실을 받아들이기 위한

전염의 시대를 생각한다

이유를 찾아야 한다. 그 이유가 죽음에 대한 공포만은 아닐 것이다. 사실, 바이러스는 지능이 없지만 현재로선 우리보다 더 유능할지 모른다. 그들은 빨리 바뀌고 적응할 줄 안다. 우리는 그들에게 배워야 한다.

현재의 교착 상태는 실직자, 폐업, 사회 모든 분야의 마비 등 막대한 손실을 줄 것이고, 이미 우리들 각자 나름의 어려움을 겪고 있다. 따라서 우리 문명은 속도 늦추기를 제외한 모든 것을 감당할 것이다. 하지만 이후 일어날 일은 나에게 너무 복잡한 문제이고, 그것을 파악하기 어렵다는 것 역시 인정한다. 그렇더라도 나는 앞으로 벌어질 일들을 찬찬히 지켜볼 것이다.

요즘 내 머릿속에 자주 떠오르는 성서 구절이 있다. 시편 90장의 말씀이다.

저희의 날수를 셀 줄 알도록 가르치소서.
저희가 슬기로운 마음을 얻으리다.

아마 전염의 시대에 우리가 할 수 있는 건 수를 세는

것 외엔 없기에 그 구절이 생각났을 것이다. 우리는 감염
자와 완치자, 사망자의 수를 세고, 입원자의 수와 학교 결
석 일수를 센다. 주식 시장에서 날아간 수십억과 마스크
판매 수, 진단 시약의 결과가 나오는 시간을 센다. 감염원
으로부터의 거리, 예약 취소된 호텔 방 수를 세고, 우리의
유대 관계와 단념한 것들을 센다. 그리고 날수를 세고 또
센다. 특히 이 비상사태가 시작되고 서로 떨어져 지낸 날
수를 센다.

그런데 시편의 구절은 우리에게 다른 관점을 암시하
는 것 같다. 날수를 셀 줄 알도록 가르치소서. 우리의 날에
가치를 부여하기 위해. 모든 날에, 우리에게 고통스러운
공백으로만 여겨지는 이 날에도 가치를 부여할 수 있게
하소서.

우리는 코로나19가 개별적인 사건이고, 역경이나 재
앙이며, 다 '그들' 잘못이라고 소리칠 수 있다. 그러는 건
자유다. 그렇지만 반대로 이 사태에서 의미를 찾고자 노력
할 수 있다. 정상적인 일상이 우리에게 허락하지 않았던
'생각의 시간'으로 이 시기를 더 잘 활용할 수 있다. 우리
가 어떻게 여기에 이르렀는지, 어떻게 되돌아가고 싶은지

등을 생각하는 기회로 삼을 수 있다.

날수를 세면서, 슬기로운 마음을 얻자. 그리고 이 모든 고통이 헛되이 흘러가게 놔두지 말자.

로마의 아름다움은
이제 어떤 위안도 줄 수 없다

어젯밤 잠자리에 들면서 나는 아내에게 오늘이 며칠인지 물었다. 그녀는 찬찬히 날짜를 세더니 몇 초 동안 말이 없었다. 이곳 로마의 봉쇄는 이탈리아 북부보다 조금 늦게 시작되었지만, 벌써 3주째에 접어들었고 이 기간 동안 우리의 일상생활은 부드럽게, 서서히 산산조각 났다.

하지만 일에 관한 한 그렇지도 않다. 사실 처음 며칠간의 혼란 이후, 회의 통화, 스카이프 및 줌 회의, 그리고 끝없는 왓츠앱 채팅의 형태로 업무 속도는 더욱 빨라졌다.

이런 업무 방식의 변화는 일이 아무런 제약 없이 일과 시간에 침투하게 만들었다. 현대인에게 생산은 절대 중단되어서는 안 되는 것이자 모두가 공통으로 열광하는 관심사다. 게다가 이번 위기의 근원 중 하나도 아니다. 요즘 우리에게 생산은 그 자체로 목적이 되었다. 나는 달리 무엇을 해야 할지 몰라 일한다.

나는 주로 끊임없이 글을 쓰지만 요즘은 입자 물리학자 시절에도 쓰지 않던 컴퓨터 프로그램 몇 개를 다시 열어놓고 지낸다. 감염자 수를 파악하기 위해서다. 소설가가 되면 수학과 영영 이별할 거라 생각했는데 정말 예상치 못한 이유로 내 곁에 돌아왔다.

나의 뇌는 언제 깨어나야 하는지 또 멈춰야 하는지 스스로 판단하지 못하는 상태에 이르렀다. 스마트폰 만보계가 최하 기록을 계속 갱신하는데도 전혀 움직이지 않는다. 하루 종일 거의 잠을 자지 못하고 계속 육체적인 피로 상태에 머물러 있다.

그래서 유튜브에 게시된 헬스 프로그램을 따라 하기 시작했다. 한 번에 한 팔을 쭉 벌릴 수 있는 충분한 공간을 확보하기 위해 소파도 옮겼다. 3인용 아파트에 4명이 지내고 있는데, 우리는 운이 좋은 편이다.

내무부가 정한 확인증을 소지한 둘만 교대로 식료품 쇼핑을 가고 쓰레기를 내다 버린다. '검사 받으셨습니까? 왜 나가십니까? 어디 출신이고 어디로 가십니까?'라는 질문에 답해야만 확인증을 받을 수 있다. 항상 같은 사람들이 외출하도록 하는 게 더 낫다고 판단한 것이다. 지금 이탈리아에서는 우리가 하는 모든 일에 최대한의 주의를 기울여야 한다.

그래서 나는 절대 집을 떠나지 않는다. 마지막으로 나간 게 약 열흘 전이었는데, 집에서 가장 가까운 공원에서 혼자 달리기를 하는 게 허용됐던 마지막 시기였다. 공원에 가려면 세계적인 관광 명소인 콜로세움과 나란히 있는 포로 로마노의 한 구간을 지나쳐야 했다. 경이롭게도 이 코스를 통과하는 내내 길에는 아무도 없었다.

나는 이 장소들이 엄청난 군중으로부터 해방된 것을 보고 경이로움을 느꼈다. 하지만 이건 사실 거짓말이다. 내가 느낀 건 불안감뿐이었다. 그리고 경직됐다. 카라비니에리^{Carabinieri}* 차들이 천천히 길을 따라 달리고 있었고 순

---

* 이탈리아의 국가헌병. 군사경찰 및 민간경찰의 역할을 모두 수행한다.

찰대가 경적을 울리며 나를 재촉했다. 양지바른 아침에 다리를 뻗고 싶은 작은 욕망을 이루려 애써봤지만 상쾌한 아침 조깅에 너무나 어울리지 않는 기분이 들어 곧장 집으로 돌아갔다. 그 이후로는 한 번도 아파트를 떠나지 않았다.

나는 로마에 살지만, 더 이상 여기에 존재하지 않는 것 같다. 우리 모두가 살고 있는 도시는 이제 더 넓고 훨씬 자연스럽다. 반면 감정의 무게 중심은 북쪽으로 기울어져 있다. 전염 지도에서 계속 확장하는 붉은 지역이자 매일 밤 뉴스 특보의 주제가 되는 바로 그곳.

몇 년 동안 보려고 미뤄뒀던 영화들을 감상할 수 있는 기회를 얻었지만 특보 외에는 아무것도 볼 수 없다. 밤 늦도록, 완전히 지칠 때까지, 계속해서.

전염병은 모든 것을 장악했다. 신문사 홈페이지, 저녁 식사에서의 대화, 문만 열면 펼쳐질 로마의 아름다움 등 평소에 우리가 누리던 모든 것을 앗아갔다. 현재 우리는 참담한 분위기 속에서 그 무엇으로도 위로를 받을 수 없게 되었다. 무엇보다도 전염병은 시간이 지남에 따라 걸리기 더 쉬워진다. 이런 상황은 엄격하고 구조화된, 그리고 잘 짜진 스케줄이란 환상을 깨버리고 우리에게 미적지근하고 끈적끈적한 곤죽 같은 일상만 전해준다.

감금된 후 처음 며칠 정도는 오후 6시쯤 사람들이 창문 앞에 모이곤 했다. 함께 노래를 부르기 위해서였다. 나는 이 비디오들이 전 세계에 공유되었을 것이라 생각한다. 이탈리아의 저항. 이탈리아는 단결했다. 이탈리아는 이런 상황 속에서도 노래를 부른다. 영화 속 한 장면 같다.

유감스럽게도 이런 퍼포먼스 역시 오래가지 못했다. 지금 오후 6시는 시민보호부의 회보에 전념하는 시간, 죽은 사람을 세고 확산세를 평가하는 시간, 위기의 시절에 꼭 챙겨야 할 사람에게 문자를 보내는 시간이 되었다. "베네토주는 정부의 광범위한 검사 덕분에 위기에서 빠져나오고 있다" "라치오주 변화 곡선 보셨어요?" "스페인은 우리보다 빠르게 확산되고 있어요."

자기 나라의 고대사를 자랑스럽게 여기며 살아온 이탈리아 시민들은 10일, 15일 그리고 20일 동안 시시각각 변하는 미래를 확인하면서 유례없는 이상한 느낌을 받았을 것이다. 이제 문밖에 기다리는 로마의 아름다움은 그 어떤 위안도 줄 수 없다. 우리는 여전히 유행병의 미래에 살고 있다. 더 이상 우리에게 자랑할 것은 없다. 그저 이 유행병이 없었더라면 행복했을 것이다.

어쩌면 우리가 왜 가장 심각한 타격을 입은 나라가 되었는지 합리적인 이유를 찾을 수 있겠지만, 현재로서는 별로 중요하지 않다. 그 대신, 우리는 큰 흐름 속에서 서로 다른 지점에 있다는 것을 인정해야 한다. 이 유행병에서 우리는 같은 시대를 공유한다. 일부는 조금 더 앞서 있고, 일부는 조금 더 뒤에 있을 뿐이다.

시간의 의미를 제대로 이해하지 못한 건 처음부터 우리의 실수였다. 이탈리아는 중국을 주시하지 않았다. 밀라노는 지방 도시를 신경 쓰지 않았다. 남부 이탈리아는 북쪽을 보지 않았다. 그리고 나머지 유럽은 여기서 일어나고 있는 일을 충분히 심각하게 받아들이지 않았다. 이런 지연과 편견 사이로 우리는 같은 시간을 겪게 된 것이다.

분명 봉쇄 조치 기간 동안 피자와 케이크의 주재료인 효모와 밀가루의 소비는 증가했을 것이다. 왜냐하면 나 또한 미친 듯이 만들고 있기 때문이다. 나는 내 인생에서 그 어느 때보다 더 자주 밀가루 반죽을 치대며 빵을 굽고 있다. 빵은 대표적인 이탈리아 음식이며 이것을 만드는 행위가 꽃으로 넘쳐나는 발코니와 파티를 위해 차려진 식탁을 그리워하는 사람들을 조금은 안심시킬 수 있기 때문이다. 이전에 알려지지 않았던 이탈리아인의 모습이 아니다. 그저 가면 뒤에 숨어 침묵하고 걱정스러워하고 있는 한 인류의 모습이다.

하지만 정작 내가 구워온 케이크에 거의 손을 대지 않는다. 그저 반죽을 하고 싶은 것이다. 지저분한 반죽 재료를 섞어 모양을 주고, 평평하게 누르고 치대서 균질하게 만들고, 다시 굴려서, 또다시 펴는 것. 나는 시공간의 구조가 내 이해력에서 벗어난 동안 어떤 방식으로든 앎을 통제하고 싶었다.

인간들이 자취를 감추자 오리들은 피아자 디 스파냐 Piazza di Spagna 분수로 돌아왔다. 그 누구의 방해도 받지 않는다. 이것을 희망의 표시로 봐야 할지, 다소 불길한 징조로 봐야 할지 모르겠다. 전염의 시대에는 아름다움조차 의심하게 된다. 어쨌든 오리가 아무리 가까이 있더라도 나는 그것들을 직접 볼 수는 없다. 인스타그램에 돌고 있는 사진으로 만족해야 한다. 어차피 내가 분수대로 돌아갈 수 있는 때가 되면 그들은 이미 날아가버렸을 테니.

2020년 3월 28일,
〈파이낸셜타임스〉 기고

생각하는 용기를 내지 않는다면
아무것도 할 수 없다

'전쟁'이라는 단어의 사용이 점점 더 빈번해진다. 프랑스의 마크롱 대통령은 대국민 담화에서 '코로나 전쟁'이란 말을 썼다. 정치인, 기자, 비평가 그리고 의사들도 이런 표현을 쓴다. '우리는 지금 전쟁 중입니다.' '전쟁 같은 상황입니다.' '전쟁에 대비합시다.' 하지만 그렇지 않다. 우리는 전쟁 중이 아니다. 의료 비상사태와 그에 따른 경제·사회적 위기에 놓여 있다. 전쟁 같은 극적인 상황이지만, 특수한 시국에 있는 것이지 본질은 다르다.

전쟁이라는 표현은 일종의 언어적 기법이다. 우리가 잘 아는 무언가에 빗대면서, 지금 벌어지는 일이 적어도 우리에게는 완전히 새로운 것이 아님을 강조하고 있다. 그런데 이것은 애초에 잘못된 방식이고 우리는 실수를 여전히 반복하고 있다. 상상할 수 없는 것을 거부하고, 친숙한 일상의 범주 안으로 위기를 억지로 끌어들이고 있다. 급성 호흡곤란 증후군을 계절성 독감과 혼동하는 것과 같다. 전염의 시대에는 보다 신중하게 용어를 선택해야 한다. 말은 행동을 규정하고 모호한 말은 그릇된 태도를 이끌 우려가 있기 때문이다. 그리고 모든 말은 그 자체에 유령이 따라다닌다. 전쟁이라는 말은 권위주의, 권리 정지, 공격성(지금 그 어느 때보다 가만히 두는 게 나은 모든 악령)을 불러온다.

생각지도 못했던 모든 일이 우리 삶에 난입한 지 한 달째이다. 허파의 세기관지 끝까지 미치는 바이러스처럼 상상해본 적도 없는 것들이 이미 우리 일상 곳곳에서 나타나고 있다. 우리는 쓰레기를 버리러 나갈 때 명분이 필요할 거라고는 전혀 예상하지 못했다. 우리 개개인의 일과가 시민보호부의 뉴스에 좌우되리라고는 예상하지 못했다. (여기, 우리 가운데의) 누군가가 사랑하는 사람들 없이 홀로 죽음을 맞이하고, 그 장례식 또한 적막하고 외로우리란

것을 예상하지 못했다. 그렇지만 그런 일이 벌어졌다.

지난 2월 21일, 일간지 〈코리에레 델라 세라^{Corriere della}
^{Sera}〉의 1면에는 주세페 콘테 총리와 마테오 렌치 전 총리
가 마주 서 있는 만평이 실렸다. 무슨 일로 대면한 것일
까? 사실 제대로 기억나지 않는다. 오른쪽 아래의 1단 기
사만 기억난다. 코로나19 진단 검사에서 양성 판정을 받
은 첫 감염자가 코도뇨에서 발생했다. 그때까지만해도 사
람들에게는 코도뇨라는 작은 마을도 진단 검사라는 용어
도 생소했다. 다음 날 아침 코로나바이러스는 신문 헤드라
인을 장악했고, 지금까지 그곳에서 물러나지 않고 있다.

돌이켜보면, 정말 홀연히 다가왔다. 여섯 단계 분리
이론에 따르면, 지구상의 모든 사람은 여섯 다리만 거치면
서로 아는 사이라고 한다. 사실일 수도 아닐 수도 있지만,
바이러스는 방충망의 해충처럼 슬그머니 기어서 우리에
게 다가온 듯하다. 전염병은 중국에서 발생했고, 이후 이
탈리아에, 그리고 우리 도시에 발생했다. 유명 인사가 감
염되었고, 우리의 지인이 걸렸고, 우리 아파트의 누군가가
병원에 입원했다. 30일의 여정. 한 발 한 발 이동할 때마다

전염병이 확산될 위협은 커졌지만 우리는 설마 하는 마음으로 안일하게 여겼다. 예측불가한 전개는 처음부터 바이러스가 지닌 이점이었다. 우리는 '부주의'한 탓에 집에 감금되었고, 장을 보러 나갈 때마다 확인증을 챙겨야 한다.

지체, 지연, 불필요한 논쟁, 경솔한 해시태그는 17일 뒤 사망자를 발생케 했다. 전염의 시대에 시간을 질질 끄는 대처는 생명을 대가로 치러야 한다. 우리가 겪어보지 못한 잔인한 비용을 지급해야 한다.

이탈리아의 사망자 수가 중국을 넘어섰다. 우리는 뜻밖의 결과에 조바심을 내며 원인을 파헤쳐야겠지만, 가까운 과거에 유사 전염병을 겪은 다른 나라들과 비교했을 때, 우리가 역부족이라는 현실을 인정할 수밖에 없다. 어쨌든 우리는 극한 지점에 도달했고, 급작스러운 바이러스의 진격은 오늘도, 4월 3일도, 자택 격리나 대유행이 끝나도 멈추지 않을 것이다. 대유행은 여기 오래 머물 셈으로 이제 막 도착했다. 어쩌면 우리 앞에 놓인 시대의 특징적인 현상이 될 것이다.

전쟁의 집요함을 상기시키는 마르그리트 뒤라스

Marguerite Duras*의 문장이 있다. '평화는 이미 어렴풋이 보인다. 거대한 어둠이 내리는 것 같다. 망각의 시작이다.' 전쟁이 끝나면 모두 끔찍했던 기억을 서둘러 잊으려 한다. 질병도 마찬가지다.

고통은 우리로 하여금 가려져 있던 진실을 대면하게 하고, 인생의 우선순위를 직시하게 하고, 현재에 부피를 다시 부여한다. 그러나 건강이 회복되고 고통이 사라지면 깨달음도 증발한다. 지금 우리는 한창 전 세계적인 유행병을 치르고 있다. 대유행은 엑스선으로 우리 문명을 비추고 하나둘 진실을 드러낸다. 바로 마음 깊이 새기지 않는다면, 전염의 시대가 끝남과 동시에 사라져버릴 진실들이다. 비상사태는 숫자, 증거들, 트위터 메시지, 규정들 그리고 거대한 두려움으로 우리의 머릿속을 꽉 채운다. 그렇기에 이외의 다른 논리들과 수많은 의문(30일 전 우리를 내버려둔 정부에 관한 의문들)을 위한 공간을 마련해두어야 한다. 우리는 정말로 전과 똑같은 세상을 반복하고 싶은가?

* 프랑스의 소설가이자 시나리오 작가.

90

우리는 코로나19의 보이지 않는 전염 경로를 찾고 있다. 하지만 전 세계에, 여기 지금 이탈리아에, 현재의 위기를 가져온 더욱더 포착하기 어려운 다른 전염 경로들도 있다. 우리는 그것들도 찾아야 한다. 그래서 나는 내가 잊지 않겠다고 다짐한 것들의 리스트를 작성하고 있다. 이 목록은 매일 조금씩 늘어날 것이다. 그리고 각자 모두 이 리스트를 만들어야 한다고 생각한다. 그래야 평온한 일상이 돌아왔을 때, 꺼내 살피면서 우리의 공통된 목소리를 확인하고 관련된 무언가를 할 수 있을 것이다.

나는 규칙을 준수하는 시민의 모습을 잊고 싶지 않다. 사람들은 서로의 모습에 놀라고 있다. 환자들을 돌보는 의료인들의 강인한 희생, 밤이면 혼자가 아니라는 위로를 담아 창문 밖으로 노래하던 이웃들을 잊고 싶지 않다. 여기에 진짜 위험은 없다. 대유행의 공식 기록이 남아 있으므로 기억하기는 쉬울 것이다.

나는 처음 몇 주 동안 정부가 시행한 소심한 조치 앞에 내던진 "너희 미쳤구나"라는 질책을 잊고 싶지 않다. 지휘권의 권위가 실추된 세월은 본능적이고 광범위한 불신을 낳았으며, '미쳤구나'라는 한 마디로 구체화되었다. 불신 속에서 신속하게 대응하지 못한 우리는 결국 희생자를 만들어냈다.

나는 내가 비행기 표를 취소하지 않았다는 사실을 끝까지 잊지 않을 것이다. 비행기를 타는 것이 무분별한 행동이라는 게 확실해진 때에도 나는 떠나고 싶은 마음이었다. 나는 이기적인 데다 무지했다.

불안정한, 모순된, 선정적인, 감상적이고 조잡한 정보를 잊지 않을 것이다. 불확실한 정보는 전염병의 초기 확산을 부추겼다. 분명히 이는 가장 큰 실책이다. 정보는 형식적인 사항이 아니다. 전염의 시대에 정확한 정보는 가장 중요한 예방 의학이다.

나는 정치 논쟁이 갑작스럽게 중단된 순간을 잊지 않을 것이다. 비행기에서 내렸을 때 귀가 먹먹해진 순간과 비슷한 느낌이었다. 진지하고 나지막한 반향을 차단하며 곳곳으로 울려 퍼지던, 단호하고 자기 지시적인 배경 소음이 갑자기 사라졌다.

나는 유럽이 늦었다는 것을, 너무 늦었다는 것을 잊지 않을 것이다. 그리고 이 재난 속에서 적어도 상징적으로나마 우리가 하나라고 느낄 수 있게 국내 감염 현황과 함께 유럽의 현황을 보여줄 생각을 아무도 하지 않는다.

나는 대유행의 시작이 비밀 군사 실험에 있지 않고, 환경 및 자연과 위태로운 관계, 산림 파괴, 우리의 부주의한 소비에 있다는 것을 잊고 싶지 않다.

대유행은 우리가 대부분 기술적으로 준비되지 않았고, 과학적으로 무지하다는 사실을 드러냈다. 이 점을 잊고 싶지 않다.

나는 가족 앞에서 용감하지도 의연하지도 지혜롭지도 못했다는 것을 잊고 싶지 않다. 서로가 가장 필요했을 때 사기를 북돋아주지 못했고, 나 자신도 위로하지 못했다.

감염자 현황 곡선은 평평해질 것이다. 우리가 무시했던 곡선이 이제 우리를 대신해 결정한다. 열망하던 정점에 도달할 것이고 이후 하강 곡선을 그리기 시작할 것이다. 이것은 조짐이 아니다. 도덕적으로 받아들여지고 유일하게 효과적인 지금 우리의 규칙, 실행 중인 정책의 직접적인 결과일 것이다. 이제 하강은 상승보다 더 느리다는 것을 받아들여야 한다. 그리고 곡선이 다시 상승할 수도, 그로 인해 일시적인 폐쇄나 또 다른 비상 상황, 제한 조치가 있을 수도 있다. 우리에게 가능성이 가장 큰 시나리오는 한정된 정상 상태와 경계경보가 번갈아 찾아오는 것이다. 하지만 어느 시점에서 끝날 것이다. 그리고 재건이 시작될 것이다.

그 순간 정치권은 서로 등을 토닥이며 민첩하고 진지하고 헌신적이었다고 칭찬할 것이다. 자신의 위협 앞에서 갑자기 협동심을 발휘하는 지배 계급의 전형성을 확인하는 순간이다. 한편 우리는 혼란스러워하며 모든 것을 떨쳐버리고 싶은 마음만 들 것이다. 거대한 어둠이 내리는 것 같다. 망각의 시작이다.

우리가 똑같은 실수를 반복하지 않으려면 각자가 알아서, 그리고 함께 성찰해야 한다. 나는 어떻게 해야 괴물 같은 자본주의에 지혜롭게 저항할 수 있는지, 경제 체제를 어떻게 개혁해야 하는지, 환경과의 협정을 어떻게 다시 맺어야 하는지 모른다. 심지어 나의 행동을 어떻게 바꿔야 하는지도 정확히 모르겠다. 하지만 분명한 것은 생각하는 용기를 내지 않는다면 아무것도 할 수 없다는 것이다.

필요한 시간 만큼 집에 머물자. 환자들을 돌보자. 고

인들을 애도하고 가슴에 묻자. 하지만 지금부터 미래를 떠올리며 도모하자. 그래서 상상할 수 없는 것이 또다시 우리를 기습하는 일이 없게 하자.

2020년 3월 20일,
〈코리에레 델라 세라〉 기고

전염의 시대를 생각한다

1판 1쇄 발행 2020년 4월 10일

지은이 · 파올로 조르다노
옮긴이 · 김희정
펴낸이 · 주연선

총괄이사 · 이진희
책임편집 · 하선정 이우정
표지 및 본문 디자인 · 이다은
책임마케팅 · 강원모
마케팅 · 장병수 김진겸 이한솔 이선행
관리 · 김두만 유효정 박초희

(주)은행나무
04035 서울특별시 마포구 양화로11길 54
전화 · 02)3143-0651~3 | 팩스 · 02)3143-0654
신고번호 · 제 1997—000168호(1997. 12. 12)
www.ehbook.co.kr
ehbook@ehbook.co.kr

ISBN 979-11-90492-53-9 (03100)